Memories
Recuerdos

Valerie Knowles Combie, Ph.D.

Translated by:
Christopher C. Combie, Ph.D.

World rights reserved. This book or any portion thereof may not be copied or reproduced in any form or manner whatever, except as provided by law, without the written permission of the publisher, except by a reviewer who may quote brief passages in a review.

The author assumes full responsibility for the accuracy of all facts and quotations as cited in this book. The opinions expressed in this book are the author's personal views and interpretations, and do not necessarily reflect those of the publisher.

This book is provided with the understanding that the publisher is not engaged in giving spiritual, legal, medical, or other professional advice. If authoritative advice is needed, the reader should seek the counsel of a competent professional.

Copyright © 2016 ASPECT Books
ISBN-13: 978-1-4796-0649-8 (Paperback)
ISBN-13: 978-1-4796-0650-4 (ePub)
ISBN-13: 978-1-4796-0651-1 (Mobi)
Library of Congress Control Number: 2015920814

Published by

www.ASPECTBooks.com

Table of Contents

Dedication..5
Preface..6
Part I 7
   To Joseph Hampson:
      You Made a Difference 8
   A Joseph Hampson:
      Usted ha hecho una diferencia 10
   Pre-Dawn (at the Cove) 12
   Dawn..13
   La madrugada 14
   Sunrise 15
   La salida del sol 17
   Sunset...19
   Sunrise 20
   La salida del sol 22
   Rain and Sunshine 24
   La lluvia y el sol 25
   Night 26
   La noche 28
   Taming Nature 30
   Domesticando la naturaleza 32
   Creature Friends...34
   Criaturas amigas 35
   Wasted Years..36
   Años desperdiciados..39
   Ponderings on LIAT 42
   Ponderaciones sobre LIAT 45

Part II 49
    Christiansted at Rest 50
    Christiansted en reposo 52
    Daddy's Little Girl...55
    Mythology...57
    Mitología 59
    Hemp Festival 61
    Festival Cáñamo 63
    Christiansted Yesterday, Today, and Tomorrow 65
    Christiansted ayer, hoy y mañana 68
    Frederiksted 71
    Frederiksted 72
    I am What I Learn...73
About the Author 75
About the Translator...76

Dedication

This book of poetry is dedicated to the memory of Joseph Hampson, my cousin, teacher, and friend, who enabled me to recapture a love of learning. He also motivated me to work at my potential to attain academic success. A Christian and a committed educator, Joseph transformed the lives and expectations of the people of Cedar Grove when he came there to teach. Unlike other teachers, he mingled with all families, visiting us in our homes and teaching us the value of acceptance.

He also impacted our lives spiritually by engaging us children in Vacation Bible School during the summer and other religious services during the rest of the year. He knew that the children would bring their parents along, and so he helped to connect children and parents to create functioning families. Joseph shared a passion for life—his and others'—and he knew that the best life was found only in a relationship with Jesus Christ. He lived his passion. He encouraged me to read widely, which has led to one of my greatest passions: reading. Because he was an excellent teacher who motivated his students by applying Gardner's principle of multiple intelligences, he helped us to accept ourselves as we learned at our individual paces. In doing that, he elevated our self-esteem and helped us to better understand ourselves and our educational process. We actually owned the process through which we were educated; consequently, we were fully invested in the process.

Joseph's genuine love for us helped us to love ourselves and believe in ourselves. His death has removed his physical presence, but his memory will always remain with us as Cedar Grovians. This book of poems was inspired by Joseph's memory, hence the title *Memories/Recuerdos*.

Preface

The poems in this book were written in Antigua and on St. Croix, two places that we call home. Part I includes poems inspired and written in Antigua. "Pre-Dawn (at the Cove)"/"Antes de la madrugada (en Cove)" to "Ponderings on LIAT"/"Ponderaciones sobre LIAT" are the poems of my Antigua period, where I encountered nature at its best and the creatures of nature that inspired me.

Part II includes the poems written on St. Croix, primarily during the writing marathons sponsored by the Virgin Islands Writing Project. This section begins with "Christiansted at Rest"/"Christiansted en reposo" and ends with "I am What I Learn"/"Yo soy lo que aprendo."

Having read my poems, my son, Christopher, who is fluent in Spanish, having majored in Spanish in college, suggested a collaboration that I could not refuse. This collaboration resulted in this collection of poems in English and Spanish.

My colleague and friend, a Spanish professor at the University of the Virgin Islands, Dr. Violeta Donovan, edited the Spanish poems.

Part I

To Joseph Hampson: You Made a Difference

You came because you were sent
All efforts were spent
In training young minds
To be children virtuous and kind.

Your influence knew no bounds
Your presence was all around
Supporting parents, meeting all on common ground
Because you cared demonstrating love profound.

Each student loved and respected you
Your objective was simple, educating us through and through
In each child the image of God was imprinted
As you focused on the whole person body, mind, and spirit.

I thank God that you came
Restoring dignity and love in God's name
You have made a difference in each life
Which has equipped us for life's trials and strife.

Cedar Grove Village has not been the same
Because you came
You exposed us to much beyond our scope
Instilling knowledge and dignity and hope.

You made us proud of our simple lives
Embracing the simple fares
Eating with us, worshipping, and working
The dignity of labor restoring.

Teacher Hampson, you earned the right
To be our mentor, our friend, our guide.
We salute you; we memorialize you
We thank you.

A Joseph Hampson: Usted ha hecho una diferencia

Usted vino porque fue enviado
Todos sus esfuerzos se dedicaban
A la formación de mentes juveniles
Para que fuesen niños virtuosos y amables.

Su influencia no conocía límites
Su presencia era omnipresente
Apoyando a los padres, juntando a todos en terreno común
Porque te preocupabas demostrando amor profundo

Cada estudiante, a usted amaba y respetaba
Su objetivo era simple, educarnos cabalmente
en cada niño, la imagen de Dios era impresa
mientras se enfocaba en la persona entera, alma, cuerpo y espíritu

Doy gracias a Dios de que vino
Para restablecer la dignidad y el amor en el nombre de Dios
Usted ha hecho una diferencia en cada vida
Equipándonos para las pruebas y luchas de la vida

Cedar Grove Village no ha sido la misma,
Porque usted estuvo allí
Nos expusiste a mucho, más allá de nuestro alcance
Inculcando conocimientos, dignidad y esperanza.

Nos hiciste sentir orgullosos de nuestra vida sencilla
Incluyendo las cosas simples
Comías, adorabas y trabajabas con nosotros
Restaurando la dignidad del trabajo.

Maestro Hampson, usted se ha ganado el derecho
De ser nuestro mentor, nuestro amigo, nuestro guía.
Lo saludamos; lo conmemoramos
Le damos las gracias.

Pre-Dawn (at the Cove)

It's dark outside
But the sounds of vehicular traffic
Reverberate in the stillness.
A cool breeze makes me shiver
While the branches of the sunflower plant
Rustle gently in the breeze.
The chirping of birds mingles
With the whistling of the insects.
Nature dominates.

Antes de la madrugada (en Cove)

Está oscuro afuera
Pero los sonidos del tráfico vehicular
Reverberan en la quietud.
Una brisa fresca que me hace temblar
Mientras las ramas de la planta de girasol
Silban suavemente en la brisa.
El canto de los pájaros se mezcla
Con el silbido de los insectos.
La naturaleza domina.

Dawn

The darkness is lifted
Like a thick, velvet drape
That shuts out the light
Creating an atmosphere
Conducive to sleep.
Light penetrates the gloom
Revives the spirit
And energizes the body
With flashes of cool breeze
Swaying the branches.
Echoing sounds of a waking world
Comingle with the sounds of nature
And barking dogs.
Vehicular traffic increases;
Voices waft over the breeze
As walkers, joggers, beach goers
Exchange greetings
Or engage in conversation
As they enjoy the clear, cool morning
Untempered by the sun's rays.

La madrugada

La oscuridad se disipa
Como una capa espesa de terciopelo
Que bloquea la luz
Creando un ambiente
Propicio para el sueño.
La luz penetra la penumbra
Revive el espíritu
Y revitaliza el cuerpo
Con destellos de brisa fresca
Meciendo las ramas.
Ecos de un mundo que se despierta
Se aúnen a los sonidos de la naturaleza
Y a los ladridos de perros
El tráfico vehicular aumenta;
Las voces flotan sobre la brisa
Mientras los que andan, trotan y van a la playa
Intercambian saludos
O conversan
Al disfrutar de la fresca mañana clara
No templada por los rayos del sol.

Sunrise

The eastern sky is aglow
With colors no artist can capture.
Pink, orange, red,
Blue, yellow, chartreuse,
Gray, light gray, dark gray
All with vigor suffused
Mingling with the white clouds
Creating a canvas in the background
For the golden orb that peeps out
Slowly, silently, imperceptibly
Rising above the horizon
Transforming the world.
Slowly, the huge ocean liner
Glides into the harbor
As it cruises the islands depositing passengers on yet
  another shore
With light and warmth.
The sounds of airplanes
Traversing the skies proliferate
Moving human cargo
Back and forth.
A thick dark cloud covers the sun
Overcasting the landscape
But the sun penetrates the cloud
Dispelling the coolness
Generating warmth
Revitalizing the arthritic
Energizing the maimed
Cheering the young briefly, oh, so briefly.
The sun disappears again
The thick black cloud
Its nemesis

Hides it
But its presence is still felt
Though temporarily absent
A subdued light, slightly overcast
Pervades the atmosphere
A forecast of a sun-lit day
Combined with clouds
Resulting in a lovely, cool day.

La salida del sol

El cielo oriental se enciende
Con colores que ningún artista puede capturar.
Rosa, anaranjado, rojo,
Azul, amarillo, verde pálido,
Gris, gris claro, gris oscuro
Todos con vigor bañados
Mezclados con las nubes blancas
Creando un lienzo de trasfondo
Para el dorado orbe que se asoma
Lentamente, silenciosamente, imperceptiblemente
Elevándose sobre el horizonte
Transformando el mundo.
Lentamente el enorme trasatlántico
Se desliza en el puerto
Al recorrer las islas depositando a los pasajeros en aún
    otra orilla
Con luz y calor.
Los sonidos de los aviones
Que atraviesan los cielos, proliferan
Moviendo carga humana
De aquí para allá.
Una espesa nube oscura cubre el sol
Nublando el paisaje
Pero el sol penetra la nube
Disipando el frescor
Generando calor
Revitalizando a los artríticos
Avivando al mutilado,
Animando al joven brevemente, oh, muy brevemente.
El sol desaparece de nuevo
La espesa nube negra
Su némesis

Lo esconde
Pero su presencia todavía se siente
Aunque temporalmente ausente
Una luz tenue, ligeramente nublado
Penetra la atmósfera
Pronosticando de un día soleado
Combinado con nubes
Resultando en un día fresco, encantador.

Sunset

A flaming sky
Reminiscent of the morning's glow
Recaptures the feelings of sunrise.
The sun, having run its course,
Retires in a blaze of glory.
Orange-colored west
Embraces the disappearing orb
Creating sunrise in another hemisphere
Leaving a pink afterglow
Replaced by dark clouds
Darkness.
Night.

La puesta del sol

Un cielo en llamas
Que nos recuerda el resplandor de la mañana
Captura los sentimientos de la aurora
El sol habiendo seguido su curso
Se retira en un resplandor de gloria.
El occidente anaranjado
Abraza el orbe que desaparece
Creando un amanecer en otro hemisferio
Dejando un rosado resplandor crepuscular
Reemplazado por nubes oscuras
La oscuridad
La noche.

Sunrise

The sky is overcast
Liquid blue gray clouds enfold the sky
A golden horizontal strip
Pierces the blanket of blue gray
Spreading light around
Suspended
A strip of gold
Between the blanket
Sunrise interruptus
Lightening clouds
Recipients of an impending phenomenon
Heralded by an artistic portrayal
Of enveloping beauty
An eastern horizon aflame with gold
Tempered by the combination
Now gold
Then yellow, pink, gray, blue.
A subtle movement
Gray clouds displaced
A baby blue emerges
On the southeastern horizon brightness
Spreading upward penetrating the gray blue clouds
    tipped with gold
Time suspended
Movement unperceived, subtle
Precursors of the event.
Clouds transformed white with a tint of gray
The eastern sky, light, clear
Replicated in its western counterpart
The golden orb parts the darkness
Blindingly hypnotic
Rising above the horizon

Defying the dark clouds
The wintry breeze
Tosses the branches of the trees
And they sway back and forth
Echoing the strains of the north
Welcoming the coolness
Not quite wintry
Surcease from the tropic heat
The heavy clouds burst with rain
Yet again
There appears God's promise in colors
The rainbow of limited showers
Dispels our fears of a global flood.
The rain waters the earth
Nurtures the plants
Providing natural beauty and food.

La salida del sol

El cielo esta nublado
Nubes líquidas de color gris azulado abrazan el cielo
Una franja horizontal dorada
Penetra la capa de color gris azulado
Esparciendo la luz en derredor
Suspendida Una franja de oro
Entre la manta
El amanecer interrumpe
Las nubes relampaguean
Destinatarios de un fenómeno inminente
Anunciado por una representación artística
De belleza abrazadora
Un ardiente horizonte oriental en llamas de oro
Atenuada por la combinación
Ahora de oro
Después amarillo, rosa, gris y azul
Un movimiento sutil
Las nubes grises se desplazan
Una nube azul claro emerge
En el horizonte sudeste, resplandece
Esparciéndose hacia arriba penetrando las nubes azul grisáceas con puntas doradas
Se suspende el tiempo
Movimiento imperceptible,
Precursores sutiles del evento.
Nubes transformadas en blanco con un tinte de gris
El cielo oriental, ligero, claro
Duplicado en su contraparte occidental
El orbe de oro parte la oscuridad
Cegadoramente hipnotizante
Se eleva sobre el horizonte
Desafiando a los nubarrones

La brisa invernal
Menea las ramas de los arboles
Y se mecen de lado a lado
Haciendo eco del compás del norte
Acogiendo el fresco
Casi invernal
Cese del calor tropical
Las pesadas nubes estallan con lluvia
Una vez más
Aparece la promesa de Dios en los colores
El arco iris de lluvia limitada
Disipa nuestros temores de una inundación global.
La lluvia riega la tierra,
Alimenta las plantas
Proveyendo belleza natural y alimento.

Rain and Sunshine

The combined raindrops
Thunder on the roof one hears
In a rhythmic cacophony
Music to the landscaper's ears
Well-watered ground nurtures the soil
Enhances growth
Generates new blooms
Produces a natural beauty
That no artist can capture on canvas
The verdant greenery is the background
To the varied colors
Fitting perfectly in the grand color scheme
Tributes to the frequent showers
Complemented by the sun
Whose rays expand their reach
Dispelling the darkness
Penetrating clouds, its nemesis
Provoking the green through photosynthesis
God planned the whole process
For beauty and survival
So the showers persist
While the sun insists
On providing heat and light,
As its God-given right.
It's pouring torrentially
On already water-logged soil
The leaves sway in the wind
From overcast skies the sun peeps through
While the water level rises
Fog-covered landmarks
Indicate showers.
Today is not a day to garden.

La lluvia y el sol

Las gotas de lluvia combinadas
Truenos en el techo se escuchan
En una cacofonía rítmica
Como música para los oídos del jardinero
El terreno bien regado nutre la tierra
Aumenta el crecimiento
Genera nuevas floraciones
Produce una belleza natural
Que ningún artista puede plasmar en un lienzo
El abundante verdor es el trasfondo
De los variados colores
Que encajan perfectamente en el gran esquema
    colorido
Homenajes a las frecuentes lluvias
Complementadas con el sol
Cuyos rayos expanden su alcance
Disipando la oscuridad
Penetrando las nubes, que son su némesis
Provocando el verdor de la fotosíntesis
Dios planeo todo el proceso
Para la belleza y la supervivencia
La lluvia persiste
Mientras que el sol insiste
En ofrecer luz y calor,
Un derecho otorgado por Dios.
Llueve torrencialmente
En un suelo ya saturado
Las hojas se mecen en el viento
El sol se asoma a través de los cielos nublados
Mientras que el nivel del agua sube
Los puntos de referencia cubiertos de neblina
Indican que lloverá
Hoy no es un día para la jardinería.

Night

The sun's descent behind the horizon
Invites the mosquitoes to feed
On unsuspecting flesh.
The orange-flamed sky
Spreads its glow
From west to east
North to south
No photographer's lenses have ever done justice
To such an artistic display
Of colors and their reflective images
One moment, darkness.

Crabs ease out of their mud homes
Advancing slowly
Scampering frantically
At the suggestion of a presence
A lawn littered with orange gray backs
Quickly void of them
Crickets chirp their monotones
Through the night
While birds sing their enchantment
The house settles
Roof records the sounds of creatures
The body embraces the process
Vehicular traffic discontinues
Lights are turned off
But the sounds of night continue
Stillness predominates
But it is broken by nature's monotone
A continuous sound
Not unlike the insistent buzzing of bees
Interspersed by the screeching of birds

At play
Or rudely awakened by an interloper.

The dogs bark harshly
Warning or threat to the wanderer
Or simply a fulfillment of their duty
A nap
A bark
A nap
Yet another bark
Sentinel on guard
Earning its ration of puppy chow.

Sometimes the raucous sounds of music
Disturb the peace
While lulling the uninitiated to sleep
It continues through the night
Weekends, weekdays
Party goers enjoying the revelry
With music, wine, women/men
Bodies well trained at the
Bacchanalian altar
Sacrificing sleep and rest
To party with the in crowd
Who cares what tomorrow brings?
School or work
Live for the night
Tomorrow will take care of itself.

A loud cawing comes from the mangrove
Breaking the silence of the night
Contrasting with the crickets' monotonous dirge
That defies all logic
And lulls me to sleep.

La noche

El descenso del sol detrás del horizonte
Invita a los mosquitos a alimentarse
De la piel desprevenida
El cielo encendido de naranja
Esparce su brillo
De oeste a este
De norte a sur
Los lentes de ningún fotógrafo jamás han hecho justicia
A tal manifestación artística
De los colores con sus imágenes reflejadas
Un momento, oscuridad.
Los cangrejos salen de su cobija de barro
Avanzando lentamente
Precipitándose frenéticamente
al presentir una presencia
Un césped ensuciado con caparazones de naranja y gris
Rápidamente despejado
Los grillos chirrían sus monocordes
Toda la noche
Mientras que las aves cantan sus encantos
La casa se calma
El techo registra los sonidos de las criaturas
El cuerpo abraza el proceso
Se interrumpe el tráfico vehicular
Las luces se apagan
Pero los sonidos de la noche continúan
La quietud predomina
Pero se rompe con el monocorde de la naturaleza
Un sonido continuo
A diferencia del insistente zumbido de abejas
Intercalado con el chirriar de las aves

Que juegan
O groseramente despertados por un intruso.

Los perros ladran severamente
Advertencia o amenaza para el vagabundo
O simplemente el cumplimiento de sus funciones
Una siesta
Un ladrido
Una siesta
Aun otro ladrido
Centinela de guardia
Ganándose su porción de Puppy Chow.

A veces, los estridentes sonidos de la música
Perturban la paz
Mientras adormece a atolondrados
Continúa toda la noche
El fin de semana, durante la semana
Los invitados a la fiesta disfrutan de la jerga
Con música, vino, mujeres /hombres
Cuerpos bien formados en el
Altar bacanal
Sacrificando el sueño y el descanso
Para festejar con el grupillo de moda
¿A quién le importa lo que traiga el mañana?
Escuela o trabajo
Vive la noche
Mañana se ocupará de sí mismo.

Un fuerte graznido proviene de los manglares
Rompiendo el silencio de la noche
Contrastando con el monótono canto fúnebre de los
    grillos
Que desafía toda lógica
Y me arrulla al dormir.

Taming Nature

The heavy machinery clanks and moves
Pushing everything in its path
Soil, uprooted shrubbery and trees
A moving body
Depositing all in a heap
Clearing the path,
The natural forces create
Lush verdant terrain
Grass, Shrubs
Trees
Watered by the rain
Nurtured by the sun
Left uncontrolled
Grow and cover the land
Then it's time to build
Time to reclaim the land
Apply the landscaper's insight
Bring in the heavy equipment
Push down
Cut down
Root out
Dump it all devoid of green
The construction begins
Men at work
Following an architect's design
While the landscaper begins the process
Of replanting in aesthetically arranged patterns
The ornamental trees
For color and shade
The ground covers
Then the decorative ones
There's a spot for the herbs

The fruits
Vegetables
Every plant is considered
For its beauty and function
But mostly for its hardiness.
The builder erects a structure
A masterpiece to add to his portfolio
The landscaper contemplates the future
With nature's bounty
Reclaiming the landscape
Reviving hope
Returning people to their original estate.

Domesticando la naturaleza

La maquinaria pesada rechina y se mueve
Empujando todo lo que está en su camino
Tierra, arbustos arrancados y árboles
Un cuerpo en movimiento
Juntando todo en una pila
Despejando el camino,
Las fuerzas naturales crean
Exuberante terreno verde
Césped
Arbustos
Árboles
Regados por la lluvia
Nutridos por el sol
Dejados descontrolados
Crecen y cubren la tierra
Luego es el momento de crear
Tiempo para reclamar la tierra
Aplicar la perspicacia del jardinero
Traigan el equipo pesado
Presionar
Cortar
Sacar de raíz
Botar todo carente de verde
La construcción comienza
Hombres trabajando
Siguiendo el diseño del arquitecto
Mientras que el jardinero comienza el proceso
De replantación en patrones estéticamente
    organizados
Los árboles ornamentales
Que proveen sombra y color
Cubren el terreno

Luego las plantas decorativas
Hay un lugar para las hierbas
Los árboles frutales
Vegetales
Cada planta es considerada
Por su belleza y función
Pero sobre todo por su resistencia.
El constructor construye una estructura
Una obra maestra para añadir a su portafolio
El jardinero contempla el futuro
Con la generosidad de la naturaleza
Recuperando el paisaje
Reviviendo la esperanza, volviendo a las personas a su estado original.

Creature Friends

The mangrove houses the creatures
Whose refuge may be disturbed.
Birds, Crabs
Turtles
Reside in peace
Not bothered by others
Only themselves
The bird feeding on the fish
That feed on the algae
While the crabs feed on
Whatever enters its space.
They run from mere shadows
Signs of people and
Threats to their safety
Now we are friends
Neighbors
Creatures who live interdependent lives.
They depend on us for food
We depend on them for companionship
And for their roles in maintaining
The equilibrium in nature.

Criaturas amigas

El manglar alberga las criaturas
Cuyo refugio puede ser perturbado
Aves, Cangrejos
Tortugas
Viven en paz
Sin ser molestados por otros
Sólo por si mismos
El ave alimentándose delos peces
Que se alimentan de las algas
Mientras que los cangrejos se alimentan
De cualquier cosa que entre en su espacio
Salen corriendo cuando notan aun de una mera sombra
Señal de personas
Y de amenazas a su seguridad
Ahora somos amigos
Vecinos
Criaturas que viven vidas interdependientes.
Ellos dependen de nosotros para alimentarse
Dependemos de ellos por su compañía
Por sus roles en el mantenimiento
Del equilibrio en la naturaleza.

Wasted Years

Time is a commodity
Equally bestowed on all
To each person is given twenty-four hours
To be used to great advantage
Or be abused
Each minute accounted for
Spent profitably
Busily
Willfully
Will contribute to the hours
That will be added to days
That will add to weeks
And months
And years.

Years of labor
Years of industry
Years of productivity
Contrasted significantly
With wasted years
Wasted years result in regrets
Losses
Pain
Emptiness
Waste
Wasted years
Oh, how foolish!

Should I wait
For a more convenient time?
Should I wait
For better opportunities?

Should I wait
Until I am better situated?
Should I wait
For. . . .?
Should I wait?

Why wait?
If I were to wait
For a more convenient time
Time passes just the same
If I were to wait
For better opportunities

Time does not wait; it passes
If I were to wait
Until I am better situated
Time is well situated
It moves
It passes
It waits for no one
Should I wait for all eventualities?
Time passes
And I lose.

Whether I launch out or not
Time passes
If I lose seizing the opportunity
Resulting in wasted minutes
Wasted hours
Wasted days
Wasted years
Wasted life
Filled with regrets

With losses
With pain
With emptiness
All that's left is wasted years
And I have accomplished nothing!

Wasted years!
O how foolish!

Años desperdiciados

El tiempo es un bien preciado
Igualmente concedido a todos
A cada persona se le da veinticuatro horas
Para aprovecharse al máximo
O desaprovecharse
Cada minuto cuenta
Utilizado sabiamente
Afanosamente
Intencionalmente
Contribuirá a las horas
Que se convierten en días
Que se convierten en semanas
Y meses
Y años.

Años de trabajo
Anos de industria
Años de productividad
Contrasta significativamente con
Años desperdiciados
Años desperdiciados resultan en lamento
Pérdidas
Dolor
Vacío
Derroche
Años derrochados
¡Oh, qué tonto!

¿Debo esperar
Un momento más conveniente?
¿Debo esperar
Mejores oportunidades?

¿Debo esperar
Hasta que esté mejor situado?
¿Debo esperar
Por. . . .?
¿Debo esperar?

¿Por qué esperar?
Si yo esperara
Un momento más oportuno
Igual pasa el tiempo
Si yo esperara

Mejores oportunidades
El tiempo no espera; pasa
Si yo esperara
Hasta que esté mejor situado
El tiempo está muy bien situado
Se mueve
Pasa
No espera a nadie
Debo esperar todas las eventualidades
Pasa el tiempo
Y pierdo.

Si me lanzo o no
El tiempo pasa
Si dejo pasar una oportunidad
Resultando en minutos desperdiciados
Horas desperdiciadas
Días desperdiciados
Años desperdiciados
Vida desperdiciada
Llena de lamentos

De pérdidas
De dolor
De vacío
Todo lo que queda es años desperdiciados
¡Y no he logrado nada!
¡Años desperdiciados!
¡Oh qué tonto!

Ponderings on LIAT

LIAT announced 2013 is the year of the customer;
New focus
New attention
New consideration
Will be given to customers.

I thought each day was a golden opportunity
To be devoted to each customer.

LIAT's fees are exorbitant
With added charges and taxes:
Fuel charges
Airport charges
Result in escalating prices.

I thought money spent
Was an incentive for commitment.

LIAT's service record
Or lack of service is notorious:
Delayed or cancelled flights
Missing luggage
To be picked up at customers' expense.

I thought LIAT has had the opportunity
To prove its corporate citizenry.

Over fifty years' experience
Serving the region
Yet there's no evidence
That knowledge gained is applied;
Service continues atrociously.

I thought "Practice makes perfect."
With the intent of improving service.

But LIAT has been practicing
Its inferior service to perfection
Now it has become the norm
To be late or cancelled
And luggage may be lost.

I thought commitment to customers
Would have resulted in improved service.

LIAT continues to justify its acronym:
Leave Island Any Time
Proving that what we'd considered a misnomer
Is perfectly applied to the region's sole carrier.
I thought LIAT would have proved the acronym a lie
And practice perfect service.

With its competitors gone
LIAT reigns supreme in the region
Holding us hostage
But that will soon end
Relief is in sight for passengers.

I thought over fifty would demonstrate maturity
And LIAT would have proved efficient.

Gone will be unprofessional staff
Flight attendants with syndicated-trained voices
Who lack sensitivity
Performing their duties as robots:
"Sit in any seat after the first row."

I thought LIAT would have trained its employees in
    customer service
Just as they indoctrinated them in speaking robot-like.

And this is the year of the customer
What will next year bring?
With such poor service and high prices
Why should we fly LIAT?
Take a stand
Stay at home
Protest such inferior service.

I thought it's time we act
Even if we cut off our noses to spoil our faces.

LIAT should respect its customers
Treat us as professionals
Learn from other airlines
Or we'll refuse to use it
We'll vote by our action.

Ponderaciones sobre LIAT

LIAT anuncia el 2013 es el año del cliente;
Nuevo enfoque
Nueva atención
Nueva consideración
Se les dará a los clientes.

Yo pensé que todos los días eran una oportunidad de
　oro
Para dedicarse a cada cliente.

Los precios de LIAT son exorbitantes
Con añadidos cargos e impuestos:
Cargos de combustible
Tasas de aeropuerto
Resultando en precios elevados.

Pensé que el dinero gastado
Sería un incentivo para un compromiso.

El registro de servicio de LIAT
o la falta de servicio es notorio:
Vuelos en demora o cancelados
Equipaje extraviado
Para ser recogido a cuenta de los clientes.

Pensé que LIAT ha tenido la oportunidad
de probar su ciudadanía corporativa.

Más de cincuenta años de experiencia
Al servicio de la región
Aún no hay evidencia
De que el conocimiento adquirido se aplica;
El servicio sigue siendo atroz.

Pensé que "La práctica hace la perfección."
Con la intención de mejorar el servicio.

Pero LIAT ha estado practicando
Su servicio inferior a la perfección
Ya que se ha convertido en la norma
La demora, la cancelación
Y la posibilidad de perder el equipaje.

Pensé que el compromiso con los clientes

Resultaría en un mejor servicio.

LIAT sigue justificando su acrónimo:
Partir de la isla en cualquier momento
Demostrando que lo que habíamos considerado
    inapropiado
Es perfectamente aplicable a la única compañía en la
    región.

Pensé que LIAT hubiera demostrado que el acrónimo
    es una mentira
Y ofrecería servicio perfecto.

Ya que no tiene competidores
LIAT reina suprema en la región
Manteniéndonos rehenes
Pero eso pronto finalizará
Hay alivio a la vista para los pasajeros.

Pensé que más de cincuenta años demostraría
    madurez
Y LIAT se habría demostrado eficaz.

En el pasado estará el personal no profesional
Las asistentes de vuelo con sus voces mecánicas
Que carecen de sensibilidad
Cumpliendo con sus obligaciones como robots:
"Sintiese en cualquier asiento, después de la primera fila."

Pensé que LIAT hubiera capacitado a su personal en el área de servicio al cliente
Al igual que les inculcan el hablar como un robot.

¿Y este es el año del cliente?
¿Y cómo será el próximo año?
Con tal mal servicio y precios altos
¿Por qué volamos por LIAT?
Adopte una postura
Quédese en su casa
Proteste tales servicios inferiores.

He pensado que es hora de actuar
Aunque sea tirando piedras sobre nuestro propio tejado.

LIAT debe respetar a sus clientes
Tratarnos como profesionales
Aprendan de otras líneas aéreas
O vamos a negarnos a utilizarlos,
Nuestras acciones serán indicación de nuestro voto.

Part II

Christiansted at Rest

A low humming sound breaks the silence
As a small vessel manipulates the water of Protestant Cay
Creating white foam-crested waves
Moving rapidly
Approaching noisily
In contrast to Big Beard's Adventure Catamaran
Gliding clumsily
Noiselessly
Creating its path
Leaving the white foam-crested waves
Heading to Buck Island.
The Hotel on the Cay ferry
Glides in, glides out
No engine murmur
Interrupts the peace of the day
Not even a wave is formed
On the placid water
Of the Christiansted harbor.
Yet another vessel glides
On the rippling waves
Sails unfurled
Mission unknown
Be it pleasure or labor.

The United States and its Territory
Pause to celebrate a two-pronged victory
The Martin Luther King, Jr. holiday
And the second inauguration of Barack Obama.
How these two events could be combined
Presenting a confluence of the mind.
Who would have thought that

The great Civil Rights leader's battle
To end segregation and eliminate the struggle
Of America's minority, primarily Black
Would have resulted in the election of President Barack?
History has been made and repeated
To guarantee there's no mistake
And though he's been maligned
Abused, misused, and disrespected
He walks tall
Bearing the standard
Of a people, all people
Fulfilling Dr. King's dream
But only partially

The fight continues mentally and philosophically
As the forces are arraigned for battle
Our Constitution specifies equality
But there's still that mentality
That Black is black
And White is white
And never the twain shall meet.
Will this second term be different?
Will the President be free
To fulfill his mandate
Without bipartisan dictates?
As the late Martin Luther King, Jr. rests in peace
May strife and conflicts cease
So that Americans can reap the benefits
Of the President's full potential.
God bless America
Land that we love
God bless the First Family
With blessings from above!

Christiansted en reposo

Un bajo zumbido rompe el silencio
Como un barco pequeño manipula el agua del Cay
    Protestante
Crear espuma blanca de crestas de olas
Mover rápidamente a
Ruidosamente
En contraste con el catamarán de Big Beard's
    Adventure
Torpemente deslizamiento
Sin hacer ruido
Crear su camino
Dejando la espuma blanca de las olas
Navegando hacia la Isla Buck.
El ferry del Hotel en la Cay
Se desliza, se desliza hacia fuera
El motor no
Interrumpe la paz soplo del día
Ni siquiera una ola está formado
En las plácidas aguas del
Puerto de Christiansted.
Sin embargo otro buque se desliza sobre
Las ondas expansivas las
Velas desplegadas
Misión desconocida
Sea por placer o trabajo.
Los Estados Unidos y su territorio
Una pausa para celebrar un doble Victoria
El día feriado de Martin Luther King, Jr.
Y la segunda inauguración de Barack Obama.
¿Cómo estos dos eventos se pueden combinar
Con una confluencia de la mente?
¿Quién hubiera pensado que

La batalla del gran líder de los Derechos Civiles
Para poner fin a la segregación y eliminar la lucha de
Las minorías de América, principalmente afro-americano
Habría dado lugar a la elección del Presidente Barack Obama?
Se ha hecho historia y repetida
Para garantizar que no hay error
Aunque él se ha calumniado
Mal uso, abuso y falta de respeto
El camina alto
El estándar del cojinete
De un pueblo, todas las personas
Cumplir sueño del Dr. King

Pero sólo parcialmente
La lucha sigue mentalmente y filosóficamente
Como las fuerzas son procesadas para la batalla
Nuestra Constitución establece la igualdad
Pero lo cierto es que todavía esa mentalidad
Que el negro es negro
Y el blanco es blanco y
Nunca confluirán.
¿Este segundo mandato ser diferente?
¿El Presidente ser libre
Para cumplir con su mandato sin
Dictados bipartidista?
A fines de la Martin Luther King, Jr., descansa en paz
Puede cesar el sufrimiento y los conflictos
Para que los norteamericanos puedan cosechar los beneficios
Del pleno potencial del presidente.
Dios bendiga a los Estados Unidos
La Tierra que amamos a Dios

Bendiga a la primera familia
Con las bendiciones de lo alto!

Daddy's Little Girl

Daddy, won't you hold my hand?
Is the unspoken request of the child.
He helps her off the Hotel on the Cay ferry
One- two- three- jump!
Little feet land on the paved dock.
And she runs briefly
Trying to catch up with Daddy.
His long steps take him off
And she runs again
Trying to catch up with Daddy
She pauses, explores, admires
He comes back and looks at the crab
But he's on a mission
And she runs again
Trying to catch up with Daddy.
Long legs, long strides
Take him farther away
And she runs again
Trying to catch up with Daddy.

La niñita del Papá

Papá, ¿no te espera mi mano?
Es la petición tácita de los niños.
Él la ayuda del Hotel en el Cay ferry
Uno, dos y tres de saltar!
Pies de los más pequeños aterrizan en el muelle
    empedrado.
Y ella corre brevemente
Trata de ponerse al día con Papá.

Sus largos pasos mueven por delante de ella y
Se ejecuta de nuevo
Trata de ponerse al día con Papá.
Hace una pausa, explora, admira
Él regresa y mira el cangrejo
Pero en una misión y
Que se ejecuta de nuevo
Trata de ponerse al día con Papá.
Las piernas largas, pasos largos
Lo más lejos
Que se ejecuta de nuevo
Trata de ponerse al día con Papá.

Mythology

Take me back to the ancient days
To revel in Roman and Grecian praise
Romulus and Remus we've been told
Were reared by a she-wolf of old
To found a nation fulfilling history
With tales of love, hate, and barbarity.
Introduce me to the blind poet Tiresias
Whose tales and intrigues of Mount Olympus
Befuddle our minds
Encourage us to remove the blinds
That hide our denial
And free us from trials.
Virgil's *Aeneid* I must read
On which my mind and body feed
The tales of Roman exploits and savagery
Help to recount the woes of history
From ancient tales we must learn
To fulfill our destiny and discover that pearl.
Homer's *Iliad* and *Odyssey*
Provoked Milton's rivalry
But they exposed the intricacies
Of gods, goddesses, and humans' pleasantries
They're tales so old
But they refresh the soul.
Odysseus had trials too many to mention
But Penelope's fidelity led to contention
Intrigues with the Sirens left him bound
To hear music without yielding to the sound
Young Paris' gift of the Most Beautiful woman
Continues to create problems we can't understand.
Mythology is a great field of study
Of intrigues and loves and savagery

It refreshes our souls
Reminds us of our goals
And makes us academically richer.

Mitología

Remóntame a los antiguos días
Para deleitarme en la alabanza romana y griega
Se nos ha contado que Romulus y Remus
Fueron criados por una loba antigua
Para fundar una nación y cumpliendo con la historia
Con cuentos de amor, odio, y barbaridad.

Preséntame a la poeta ciega Tiresias
Cuyos cuentos e intrigas del Monte Olimpo
Aturden nuestra mente
Nos alientan a quitar las cortinas
Que ocultan nuestro estado de negación
Y nos liberan de nuestras pruebas.

La Eneida de Virgilio debo leer
De la que se alimenta mi mente y cuerpo
Los relatos de hazañas romanas y salvajismo
Ayudan a contar los males de la historia
De los antiguos cuentos debemos aprender
A cumplir con nuestro destino y descubrir esa perla.

La Ilíada y Odisea de Homero
Provocaron la rivalidad de Milton
Pero exponen las complejidades
De dioses, diosas, y galanterías humanas
Son cuentos tan viejos,
Pero refrescan el alma.

Odiseo pasó por pruebas demasiadas para contar
Pero la fidelidad de Penélope llevó a contienda
Intrigas con las sirenas lo obligaron
A escuchar la música sin ceder al sonido.

El regalo del joven París de la mujer más bella
Sigue creando problemas que no comprendemos.
La mitología es un gran campo de estudio
De intrigas y amores y salvajismo
Refresca el alma
Nos recuerda nuestras metas
Y nos enriquece académicamente.

Hemp Festival

I'll be seeing you
At the Hemp Festival
It will expose you to the view
Not rambunctious like carnival.
Where people will be calm, cool, and collective
Smiling and hallucinating with the weirdest grin
Smoking tampie and moving on a whim
Getting in the groove
Celebrating the victory
And we'll all be happy
Growing marijuana
Not only for pleasure
But for medicinal purpose
Increasing health and treasure
In this depleted economy.
Prepare for the Hemp Festival
Remember this is no carnival
It's the place where we celebrate
Our Territory's fate
By infusing money into the treasury
As we imbibe with our peace pipe
Smoking the weed, getting high
Blowing our brains
Onto thy kingdom nigh
Creating meaningless lives
Like Road Runner and others who jive
Homeless
Brainless
Incommunicado
Living in fear
Delirium tremens
Wracking the body

Controlling the limbs
Medical marijuana
(Healing the sick)
Condemning souls to Nirvana
Depleting the Territory's funds
Paying for mental healthcare
Or burying the lucky ones
No more Hemp Festival
Let's stick with our carnival.

Festival Cáñamo

Te estaré viendo
En el Festival Cáñamo
Te dejará expuesto a la vista,
No como el carnaval bravucón
En donde la gente estará en calma, sosegada y tranquila
Sonriendo y alucinando con la sonrisa más rara
Fumando *tampie* y moviéndose a capricho
Adoptando un ritmo
Celebrando la victoria
Y estaremos felices todos
Cultivando la marihuana
No sólo por placer,
Pero para fines medicinales
Mejorando la salud y el tesoro
En esta pobre economía.

Prepárese para el Festival del Cáñamo
Recuerde que esto no es un carnaval
Es el lugar donde celebramos
El destino de nuestro territorio
Al infundir dinero en nuestro tesoro
Mientras nos chupamos nuestra pipa de paz
Fumando hierba, drogándose
Volándose los sesos
Al reino cercano
Creando vidas sin sentido
Como el "Road Runner" y otros que bailan
Sin hogar
Sin cerebro
Incomunicados
Viviendo con miedo

Delirium tremens
Destruyendo el cuerpo
Controlando las extremidades
La marihuana medicinal
(Curando a los enfermos)
Condenando a las almas a Nirvana
Agotando los fondos del territorio
Pagando por el cuidado de salud mental
O enterrando a los afortunados
No más Festival de Cáñamo
Quedémonos con nuestro carnaval.

Christiansted Yesterday, Today, and Tomorrow

The sound of the water against the wall
Reminds me of the ancient conch call.
And it takes me back to the past
Where history was enacted and a people's fate was cast.
Christiansted was a booming city
Where commerce thrived in a wide variety
Be it Sea Island cotton, sugar products, or fish
Those were marketable, so was human flesh.
The vessels chugged into the harbor
Filled with trinkets and products of another man's labor
To be bartered, credited, or sold
In legal currency or gold
Enriching some astute businessman
Whose objective was profit, that's why he began
Trading his goods
Trinkets and foods
To make way for the bigger
Profit-making endeavor
Humanity on the block
Going once, going twice, gone to the stock
Of the highest bidder
Whose gold thuds in the coffer.
Today, the scene has changed much
Christiansted wharf has been transformed as such
To remove the evidence of greed
On which their lust and envy did feed
Even the stores have new names and owners
Gone are such stores as Continental and Cavanaughs
Little Switzerland and Nini of Scandinavia

Favorite retreats for gifts and favors
There's not much traffic on the streets
On the sea, little boats replace the fleets
That once plied their trade
In cargo and produce organic or manmade
The recession has a great effect
But we are resilient
We'll overcome this problem at last
As we've done in the past
We'll survive
We'll thrive
Because we are Queen Mary's daughters
We have overcome the greatest slaughter
Of our men, our women, and our children
The affirmations of our generation

One hundred and sixty-six years later
We are plodding on, surviving, and getting better.
We, too, will overcome all struggles and trials
We'll face them with reality, no more denials
We are survivors
Queen Mary's sons and daughters
This economic crisis soon will past
And we'll stand unbroken and unbent to the last
We'll tighten our belts
Ignore the welts
Eat bread and water
Like Queen Mary's daughters
This, too, will past we have found
And St. Croix will rebound
Moving strongly, getting better
We can't get much worse
Because there's room at the top
To which we'll aspire nonstop

HOVENSA, like others, has come and gone
Be we will survive and exhibit that glow
That's a hallmark of survivors
Queen Mary's sons and daughters
So let's not be dismayed
There's no cause to be afraid
We'll rise and survive
Until we die, we will stay alive!

Christiansted ayer, hoy y mañana

El sonido del agua contra la pared
Me recuerda a la antigua llamada concha.
Y que me lleva de nuevo al pasado
Donde la historia fue promulgada y la suerte de las
    personas era de fundición.
Christiansted fue una ciudad floreciente
En la que el comercio creció en una gran variedad
Ya sea en algodón de Sea Island, productos derivados
    del azúcar o pescado
Eran negociables, por lo que era carne humana.
Los buques remontado uno en el puerto
Lleno de chucherías y productos de otro hombre de
    mano de obra
A ser intercambiada, acreditado, o se vende
En moneda de curso legal o en oro
Enriquecer algún astuto empresario
Cuyo objetivo es obtener ganancias, es por eso que
    comenzó
Sus productos comerciales
Baratijas y los alimentos
Para hacer espacio para
La ganancia mayor que era
La humanidad en el bloque
Va una vez, dos veces, ha ido a la población de
El mejor postor
Cuyo oro sordo en el artesonado.
Hoy, el escenario ha cambiado mucho
El muelle de Christiansted se ha transformado como tal
Para eliminar las pruebas de la codicia
En el que su ambición y la envidia manifiestan
Incluso las tiendas tienen nombres nuevos y propietar-
    ios nuevos

Se han ido tiendas como Continental y Cavanaughs
Pequeña Suiza y el Niní de Escandinavia
Retiros favoritos para regalos y favores
No hay mucho tráfico en las calles
En el mar, barcos pequeños sustituir las flotas
Que una vez llenó su comercio
En el cargamento y los productos del campo orgánica o hecho a mano
La recesión tiene un gran efecto
Pero son resistentes
Vamos superar este problema por fin
Como hemos hecho en el pasado
Le sobreviven
Haremos prosperar
Porque son hijas de la Reina María
Hemos superado el mayor sacrificio de
Nuestros hombres, nuestras mujeres y nuestros niños
Las afirmaciones de nuestra generación

Ciento sesenta y seis años más tarde
Que se trabaja arduamente para sobrevivir, y cada vez mejor.
Nosotros, también, sea capaz de superar todas las luchas, las pruebas y los sufrimientos
Que enfrentaremos con la realidad, no más rechazos
Somos los supervivientes
Hijos e hijas de la reina Maria
La crisis económica pronto será pasada
Y lo respaldamos sin romper y sin doblar a la última
Que ajustarnos los cinturones
Ignorar las ronchas
Comer pan y agua, como
Hijas de la Reina María
Esto, también, será pasado hemos descubierto

Y St. Croix se recuperará
Seguimos avanzando con paso firme, la obtención de mejores
No podemos conseguir mucho peor
Porque no hay espacio en la parte superior
Para que le aspire sin cesar
HOVENSA, al igual que otros, ha llegado y se ha ido
Que vamos a sobrevivir y exposición que brillan
Esa es una de las características de los supervivientes
Hijos e hijas de la Reina María
Así que no te angusties
No hay motivo para tener miedo
Le ayudaremos y sobrevivir
! Que se muere, que nos mantendremos viva!
Hasta que nos morimos, vamos a permanecer vivo!

Frederiksted

I love Frederiksted
It's wide mostly vacant streets
Its decaying infrastructure
Its open waterfront
Its spaciousness
Its utter abandonment
Its relaxed, relaxing atmosphere
Its other worldliness
They all attract me, soothe me, lure me
Calling me back again and again
I do love Frederiksted.
At 2:00 this morning
Marveling at the night so bright
I thought of Frederiksted in the moonlight
And I imagined walking on Strand Street
With my shadow preceding me
Striding along regally
Uninhibited by any
Immediately, the lines from high school poetry
"Slowly, silently now the moon
Walks the night in its silver shoon
This way and that she peers and sees
Silver fruits on silver trees."
It's only a thought
My imagination is fraught
With doubt and fear
Of robbers, burglars, abductors
No more can I wander
Those moonlit shores yonder
Or walk streets spacious and free
Of the madding throng.

Frederiksted

Me gusta la ciudad de Frederiksted
Me gustan las calles anchas y mayormente vacías
Me gusta el deterioro de la infraestructura
Me gusta el frente al mar abierto
Me gusta la amplitud
Me gusta el abandono total
Me gusta el ambiente relajado y relajante atmósfera
Me gusta la mundanalidad original
Todos me atraen, me calman, y me tientan
Me llaman a volver una y otra vez
Me gusta mucho la ciudad de Frederiksted
A las 2:00 de la mañana
Maravillados por la noche tan brillante
Pensé en Frederiksted a la luz de la luna
Y me imaginaba caminando por calle Strand
Con mi sombra me anterior
Perseguía majestuosamente a lo largo
Sin escrúpulos por el
Inmediatamente, las líneas de la poesía de escuela
 secundaria
"Lentamente, silenciosamente ahora la luna
Camina la noche en sus zapatos de plata
Este camino y que mira y ve
Frutas de plata en árboles de plata."
Es sólo un pensamiento
Mi imaginación está plagado de
Dudas y temores
De ladrones y secuestradores
No más puedo pasear por
Las orillas de luna allá.
O caminar las calles amplias y libres de
La alocada multitud.

I am What I Learn

I learned, very early, that love is a very stabilizing
  force that keeps us grounded.
I learned to share
I learned responsibility
I learned to be sensitive
I learned loyalty
I learned patience
I learned to be seen and not heard
I learned if I make my bed I must lie in it.
I learned "Birds of a feather flock together"
And if I lie with dogs I will rise with fleas
I learned that manners maketh man
I learned that "A rolling stone gathers no moss"
And "Still waters run deep."
I learned to appreciate beauty
I learned that people all over the world are the same.

Yo soy lo que aprendo

Aprendí muy temprano, que el amor es una fuerza
  estabilizadora que nos mantiene cimentados.
Aprendí a compartir
Aprendí responsabilidad
Aprendí a ser sensible
Aprendí lealtad
Aprendí paciencia
Aprendí a ser visto y no oído
Aprendí que tengo que asumir las consecuencias de
  mis acciones

Aprendí: "Las aves de igual plumaje siempre andan juntas "
Y que si me acuesto con perros, me levantaré con pulgas
Aprendí que los buenos modales hacen al hombre
Aprendí que "La piedra que rueda no cría musgo"
Y "Aguas mansas, profundas son"
Aprendí a apreciar la belleza
Aprendí que la gente en todo el mundo, es la misma.

About the Author

Valerie Knowles Combie, Ph.D. is a Master Professor at the University of the Virgin Islands, where she teaches Englsh. She is also the director of the Writing Center on the Albert A. Sheen Campus of the University on St. Croix, as well as the director of the Virgin Islands Writing Project (VIWP), an affiliate of the National Writing Project (NWP). Her recent publications include her memoir *Lots of Laughter* (Aspect Books, 2013) and *The HOVENSA Chronicles* (Aspect Books, 2013).

About the Translator

Christopher Colby Combie, Ph.D. is an academician, consultant, organist, board-certified therapist, and a certified translator/interpreter with over 12 years higher education administration and teaching experience. He serves as a director in the Morsani College of Medicine at the University of South Florida Health Sciences Center in Tampa overseeing Ph.D. and Postdoctoral Programs and teaches first and second-year medical students in the Select Curriculum.

We invite you to view the complete
selection of titles we publish at:

www.ASPECTBooks.com

Scan with your mobile
device to go directly
to our website.

Please write or email us your praises, reactions,
or thoughts about this or any other book we publish at:

P.O. Box 954
Ringgold, GA 30736

info@ASPECTBookscom

ASPECT Books titles may be purchased in bulk for
educational, business, fund-raising, or sales promotional use.
For information, please e-mail:

BulkSales@ASPECTBooks.com

Finally, if you are interested in seeing
your own book in print, please contact us at

publishing@ASPECTBooks.com

We would be happy to review your manuscript for free.